Inhalt

Das Personal der Zukunft - die deutschen Hochschulen beschreiten neue Wege

Kernthesen

Beitrag

Fallbeispiele

Weiterführende Literatur

Impressum

GENIOS WirtschaftsWissen Nr. 11/2007 vom 06.11.2007

Das Personal der Zukunft - die deutschen Hochschulen beschreiten neue Wege

R.Reuter

Kernthesen

- Fehlende Fachkräfte sind nicht nur ein Problem der Wirtschaft. Viel mehr wird klar, dass nur bessere und mehr Bildung den Wohlstand in Deutschland sichern können.
- Um die Ausbildungsqualität zu erhöhen, sind die deutschen Hochschulen gerade dabei, sich grundlegend neu aufzustellen.
- Zentraler Bestandteil der Reform des deutschen Hochschulwesens ist die "Exzellenzinitiative" der Bundesregierung.

Mit ihr einher geht ein kultureller Wandel in der Hochschulpolitik, der umfassender kaum sein könnte.

Beitrag

Der Mangel an hoch qualifizierten Mitarbeitern ist in manchen Branchen schon heute ein Problem. Die deutschen Hochschulen richten sich daher gerade neu aus - auch mit dem Ziel, aus Studienabbrechern Akademiker zu machen.

Fehlender akademischer Nachwuchs gefährdet den Wohlstand

Viele Branchen in Deutschen beklagen das Fehlen geeigneter Nachwuchskräfte. Dies gilt insbesondere für hoch qualifizierte Mitarbeiter. Immer klarer wird allerdings, dass das Problem eine weit größere Dimension hat, als nur die Schwierigkeit einer Zahl von Unternehmen, freie Stellen mit geeigneten Kräften besetzen zu können. Arbeitsmarktexperten äußern die Befürchtung, dass dem Standort Deutschland die klugen Köpfe ausgehen, was den

Wohlstand des ganzen Landes gefährden könne. Insbesondere sind mehr Ingenieure und Naturwissenschaftler nötig, wenn die in vielen Bereichen bestehende technologische Marktführerschaft deutscher Firmen weiter bestehen soll. Der von der Bundesregierung präsentierte Bericht zur technologischen Leistungsfähigkeit des Landes geht davon aus, dass in Deutschland schon bald jedes Jahr 62 000 Akademiker fehlen, darunter 12 000 Ingenieure. (3), (4)

Immer weniger Studenten

Besonders stark betroffen sind der Maschinenbau und die Elektrotechnik. Schon heute können diese Branchen freie Stellen oft nicht besetzen, weil es an geeigneten Kandidaten fehlt. Gleichzeitig nimmt die Zahl der Schulabgänger, die ein ingenieurwissenschaftliches Studium aufnehmen, immer mehr ab: bei den Ingenieuren in diesem Jahr um vier Prozent, in der Elektrotechnik sogar um elf Prozent. Immer deutlicher wird, dass fehlender Nachwuchs nicht nur wirtschaftliche, sondern gesamtgesellschaftliche Folgen hat. Es zeigt sich, dass "Humankapital" der wichtigste Erfolgsfaktor in der globalen Wirtschaft ist. (3)

Die Politik hat das Problem erkannt

Eine erste Gegenmaßnahme ist es, junge Menschen für technische und naturwissenschaftliche Berufe zu begeistern. Dies geschieht durch Appelle, wie sie auch die Bundeskanzlerin kürzlich an den Nachwuchs gerichtet hat: "Wir müssen den jungen Leuten in den Schulen sagen: Hier liegt in ganz wesentlichem Maße die Zukunft unseres Landes". Auch Bildungsministerin Annette Schavan wirbt für technisch-naturwissenschaftliche Berufe: "In diesen Bereichen brauchen wir künftig sehr viele exzellent ausgebildete junge Leute." (3)

Ein neues Denken setzt ein

Appelle reichen aber nicht aus. Die Bundesregierung hat sich daher zum Ziel gesetzt, die deutschen Hochschulen fit für den Wettbewerb um die besten Köpfe zu machen. Deutsche Universitäten mussten bisher geradezu hilflos mit ansehen, wie ihnen ihre Konkurrenten aus England und den USA die besten Köpfe abspenstig machten. Zudem landeten deutsche Hochschulen bei internationalen Rankings regelmäßig auf den hinteren Plätzen. Die Gründe dafür sind die Unterfinanzierung und die Vermassung der Universitäten: Statt Elitedenken und Spitzenförderung setzte die deutsche Hochschulpolitik jahrzehntelang auf die Maxime "gleiche Bildung für alle." (2)

Exzellenzinitiative soll Abhilfe schaffen

Ein deutliches Signal für den Aufbruch des Hochschulwesens hat die Bundesregierung mit ihrer "Exzellenzinitiative" gegeben. Sie soll dafür sorgen, dass in Zukunft qualifizierter Nachwuchs sowohl für Wissenschaft und Forschung wie für die Unternehmen in genügender Zahl bereit steht. Dies soll erreicht werden, indem besonders förderungswürdige Zukunftsprojekte und so genannte "Exzellenzcluster" an den Hochschulen zusätzliche Mittel erhalten. Zudem gibt es nun neun Hochschulen in Deutschland, die sich als "Eliteuniversitäten" bezeichnen dürfen und ebenfalls in den Genuss einer besseren Finanzausstattung kommen. Insgesamt stehen für die "Exzellenzinitiative" 1,9 Milliarden Euro bereit. Eine weitere Maßnahme zur Sicherung der Ausbildungsqualität in Deutschland ist die Qualifizierungsoffensive von Bundesministerin

Schavan. Das geplante Maßnahmenpaket soll Mitte November im Bundestag debattiert werden. (1)

Euphorie macht sich breit

Schon jetzt macht sich an den deutschen Universitäten Euphorie breit. Statt staatlicher Bevormundung sollen Eigenverantwortlichkeit und Wettbewerbsfähigkeit in den Vordergrund rücken, was den apathischen Massenunis bisheriger Prägung ein ganz neues Selbstwertgefühl verschafft. Von "corporate identity" ist plötzlich die Rede, Studenten drucken T-Shirts mit dem Logo ihrer Hochschule, in den Diskussionen fallen ungewohnte Begriffe wie "Autonomie" und "Auswahlverfahren". Fachleute attestieren den Universitäten, "die tiefgreifendsten Reformen seit Humboldt" in Angriff genommen zu haben. Die deutschen Hochschulen haben sich damit - fast zu spät, wie viele meinen - endlich auf den Weg gemacht, um sich dem Wettbewerb zu stellen und ihrem Ausbildungsauftrag zukünftig besser gerecht zu werden. (2)

Universitäten sollen

unternehmerisch denken

Das Stichwort heißt "Autonomie": Um als echte Wettbewerber auftreten zu können, müssen die Hochschulen von ministerieller Gängelung befreit werden. Am weitesten geht bisher Nordrhein-Westfalen mit seinem Hochschulfreiheitsgesetz. Dort können die 33 Hochschulen Personal einstellen, investieren oder ihre Liegenschaften verwalten, ohne dass das Ministerium hereinregiert. Leistet eine Hochschule Überdurchschnittliches, holt sie etwa besonders viele Drittmittel oder produziert besonders wenig Abbrecher, wird dies durch zusätzliche Mittel honoriert. Dieses Anreizsystem soll die Hochschulen zu mehr Effektivität erziehen und sie zu unternehmerischem Denken anhalten. (2)

Auch die Qualität der Lehre tritt in den Fokus

Parallel zur Exzellenzinitiative soll der Hochschulpakt, mit dem der Bund und die Länder bis 2010 565 Millionen Euro zusätzlich zur Verfügung stellen, die Lehre verbessern. Kritikern ist dies nicht genug. Sie sehen in der Exzellenzinitiative in erster Linie eine Maßnahme, die der Spitzenforschung zugute komme, nicht aber dem normalen Studienbetrieb. Andere Stimmen betonen, dass auch die Exzellenzinitiative die Lehre verbessere, weil mit dem Geld neue Stellen für Juniorprofessuren und wissenschaftliche Hilfskräfte geschaffen würden. Dies bringe auch einen großen Schub für die Lehre. Nicht zu leugnen ist, dass die deutsche Universität in Relation zu der Zahl der Studenten immer noch schlecht ausgestattet ist. Auf einen deutschen Universitätsprofessor kommen fast 70 Studenten, je Student geben die Universitäten zwischen 4 000 und 9 000 Euro jährlich aus. Die privaten Spitzen-Hochschulen der USA wenden demgegenüber zwischen 90 000 und 100 000 Euro für jeden Studenten auf. (6)

Zu viele Studienabbrecher

Ein besonderes Problem dabei, für die Unternehmen den nötigen Spitzennachwuchs zu "produzieren", ist die hohe Zahl der Studienabbrecher in Deutschland. Fast jeder dritte Student lässt heute den Abschluss sausen, was den Hochschulen bisher gleichgültig war. Allerdings sind die Abbrecher für den Staat und für die autonome Hochschule ein teures Vergnügen, ist das in die abgebrochene Ausbildung investierte Geld doch verloren. Niedrigere Abbrecherzahlen sind bei stark verschulten Studiengängen zu verzeichnen, wie etwa bei den Medizinern. Den Rekord halten die Geisteswissenschaftler: In manchen Disziplinen erreicht nicht einmal die Hälfte der Anfänger das Studienziel. Einer Berechnung des Stifterverbands für die deutsche Wissenschaft zufolge kosten die Abbrecher 2,2 Milliarden Euro pro Jahr. (5)

Fallbeispiele

Zu wenig Professoren?

Nach wie vor leiden die Hochschulen, den aktuellen Anstrengungen zum Trotz, unter dem Kahlschlag der letzten Jahrzehnte. Nach Angaben des Deutschen Hochschulverbandes haben alleine die Ingenieurswissenschaften in den vergangenen zehn Jahren 13,3 Prozent ihrer Professuren verloren. Insgesamt wurden an den deutschen Universitäten in den vergangenen zehn Jahren 1 451 Professorenstellen gestrichen, während sich die Anzahl der Studierenden im selben Zeitraum um 0,5 Prozent erhöht hat. Nach Angaben des Hochschulverbandes dürfe ein Zahlenverhältnis von 60 Studierenden je

Hochschullehrer aber nicht überschritten werden, ohne die Qualität der Lehre zu beeinträchtigen. (7)

Fachkräfte aus dem Ausland

Die Europäische Union will die Zuwanderung qualifizierter Arbeitskräfte erleichtern und hat dafür, nach dem amerikanischen Vorbild der "Green Card", eine "Blue Card" ins Spiel gebracht. Der Vorschlag ist von den deutschen Unternehmen begrüßt worden, nicht aber von der Bundesregierung, die sich von der Idee in ihren eigenen Pläne übertrumpft sieht. Bundesforschungsministerin Schavan will daher von der "Blue Card" nichts wissen und hat stattdessen auf ihre Qualifizierungsoffensive verwiesen, die am 14. November vom Kabinett auf den Weg gebacht werden soll. Sie soll auch eine neue Regelung für den Zuzug gut ausgebildeter Fachkräfte beinhalten. (8), (9)

Nobelpreisträger als Vorbilder

Wirtschaft und Wissenschaft haben sich über die Verleihung des Nobelpreises an gleich zwei deutsche Forscher erfreut geäußert. Arbeitgeberpräsident Dieter Hundt hofft, dass der Wirbel um die prominenten Gelehrten junge Menschen dazu animieren könnte, ein technisches oder naturwissenschaftliches Studium anzustreben. (4)

Weiterführende Literatur

(1) Lernen für die Lehre An deutschen Universitäten wird die Forschung hofiert, die Lehre aber vernachlässigt. Andere Länder machen vor, wie die Qualität von Seminaren mit Anreiz und Druck verbessert werden kann
aus Financial Times Deutschland vom 24.10.2007, Seite 28

(2) Grosse-Halbuer, Andreas, Universitäten erfinden sich im Eiltempo neu, WirtschaftsWoche online, 18.10.2007
aus Financial Times Deutschland vom 24.10.2007, Seite 28

(3) O.V., Gute Fächer, schlechte Fächer, Spiegel special, 24.04.2007, Nr. 2, S. 6
aus Financial Times Deutschland vom 24.10.2007, Seite 28

(4) Gillmann, Barbara, Auf zum Olymp, Handelsblatt online, 11.10.2007
aus Financial Times Deutschland vom 24.10.2007, Seite 28

(5) O.V., Studienabbrecher, Spiegel Online, 01.10.2007

aus Financial Times Deutschland vom 24.10.2007,
Seite 28

(6) "Hochschulen brauchen 30 Prozent mehr Mittel"
aus Handelsblatt Nr. 204 vom 23.10.07 Seite 4

(7) Der lange Weg zur Bildungsexzellenz
aus VDI NR. 35 VOM 31.08.2007 SEITE 4

(8) Berlin bei «Blue Card» kontra Brüssel
aus netzeitung.de vom 24.10.2007

(9) Wirtschaft begrüßt "Blue Card"
aus Handelsblatt Nr. 205 vom 24.10.07 Seite 6

(10) Den Aderlass stoppen Die Wirtschaft muss mehr tun, um Hochbegabte nach einem Auslandsstudium nach Deutschland zurückzuholenVon Matthias Afting und Holger Huff
aus Financial Times Deutschland vom 17.10.2007,
Seite 32

Impressum

Das Personal der Zukunft - die deutschen Hochschulen beschreiten neue Wege

Bibliografische Information der deutschen Nationalbibliothek

Die Deutsche Nationalbibliothek verzeichnet diese Publikation in der deutschen Nationalbibliografie; detaillierte bibliografische Daten sind im Internet über http://dnb.d-nb.de abrufbar.

ISBN: 978-3-7379-0921-1

© 2015 GBI-Genios Deutsche Wirtschaftsdatenbank GmbH, Freischützstraße 96, 81927 München, www.genios.de

Alle Rechte vorbehalten. Dieses Werk ist einschließlich aller seiner Teile – z.B. Texte, Tabellen und Grafiken - urheberrechtlich geschützt. Jede Verwertung außerhalb der Grenzen des Urheberrechtsgesetzes bedarf der vorherigen Zustimmung des Verlags. Dies gilt insbesondere auch für auszugsweise Nachdrucke, fotomechanische

Vervielfältigungen (Fotokopie/Mikroskopie), Übersetzungen, Auswertungen durch Datenbanken oder ähnliche Einrichtungen und die Einspeicherung und Verarbeitung in elektronischen Systemen.